SUPER NARVAL
ET ÉLECTRO-GELATO

BEN CLANTON

TEXTE FRANÇAIS D'ISABELLE FORTIN

D0736152

SCHOLASTIC

POUR THEO!
MON SUPER FILS!

Catalogage avant publication de Bibliothèque et Archives Canada

Clanton, Ben, 1988-
[Super Narwhal and Jelly Jolt. Français]
Super Narval et Électro-Gelato / Ben Clanton, auteur et
illustrateur ; texte français d'Isabelle Fortin.

(Les aventures de Narval et Gelato ; 2)
Traduction de: Super Narwhal and Jelly Jolt.
ISBN 978-1-4431-6855-7 (couverture souple)

I. Romans graphiques. I. Titre. II. Titre: Super Narwhal
and Jelly Jolt. Français

PZ23.7.C53Sup 2018   j741.5'973   C2018-901082-7

Copyright © Ben Clanton, 2017, pour le texte et les illustrations.
Copyright © Éditions Scholastic, 2018, pour le texte français.
Tous droits réservés.

Il est interdit de reproduire, d'enregistrer ou de diffuser, en tout ou en partie, le présent ouvrage par quelque procédé
que ce soit, électronique, mécanique, photographique, sonore, magnétique ou autre, sans avoir obtenu au préalable
l'autorisation écrite de l'éditeur. Pour toute information concernant les droits, s'adresser à Tundra Books, une division
de Penguin Random House Canada Young Readers, une compagnie de Penguin Random House.

Édition publiée par les Éditions Scholastic, 604, rue King Ouest, Toronto (Ontario) M5V 1E1
en vertu d'une entente conclue avec Gallt and Zacker Literary Agency LLC.

5 4 3 2 1   Imprimé en Malaisie 108   18 19 20 21 22

Conception graphique : Ben Clanton et Andrew Roberts

Les super extra illustrations de ce livre ont été réalisées au crayon de couleur, à l'aquarelle et à l'encre,
puis ont été colorées numériquement.

Références photographiques :
gaufre : © Tiger Images/Shutterstock; fraise : © Valentina Razumova/Shutterstock; cornichon :
© dominitsky/Shutterstock; tuba : © Internet Archive Book Images.

TABLE DES MATIÈRES

swoouch!

QUOI? NARVAL, TU NE PEUX PAS JUSTE DÉCIDER DE *DEVENIR* UN SUPERHÉROS. CE N'EST PAS SI SIMPLE!

POURQUOI?

EUH... EH BIEN, LES SUPERHÉROS ONT... DES SUPERCOSTUMES.

QUE PENSES-TU DE...

SUPER NARVAL!

HMMM. C'EST ACCROCHEUR. ET TU AS PENSÉ À TON IDENTITÉ SECRÈTE?

ÉLECTRO-GELATO, LE SUPER ACOLYTE!

15

PEUX-TU VOLER? CRACHER DU FEU?

N'IMPORTE QUOI?

NARVAL, TU NE PEUX PAS DEVENIR UN SUPERHÉROS SI TU N'AS PAS DE <u>SUPERPOUVOIR</u>.

JE FINIRAI PAR TROUVER. MAIS AVANT...

ON A UNE MISSION <u>SUPER</u> IMPORTANTE.

SAUVER LE MONDE?

swooOUch!

SUPER CRÉATURES MARINES

DE VRAIES CRÉATURES AVEC DE VRAIS POUVOIRS SUPER GÉNIAUX

LA PIEUVRE MIMÉTIQUE CHANGE DE COULEUR ET DE FORME, ET MODIFIE SES MOUVEMENTS POUR RESSEMBLER À D'AUTRES ANIMAUX MARINS : SERPENT, RASCASSE VOLANTE, RAIE, MÉDUSE, ETC.

CESSE DE M'IMITER!

CESSE DE M'IMITER!

LE DAUPHIN DOIT TOUJOURS GARDER UN ŒIL OUVERT POUR GUETTER LES DANGERS. QUAND IL DORT, SEULE UNE MOITIÉ DE SON CERVEAU SE REPOSE.

LE DAUPHIN PEUT AUSSI « VOIR » À L'INTÉRIEUR DES ANIMAUX GRÂCE AUX ONDES SONORES.

JE VOIS QUE TU AS MANGÉ UNE GAUFRE POUR DÎNER!

LA BALEINE BLEUE EST L'UN DES ANIMAUX LES PLUS BRUYANTS DE LA TERRE.

SALUT!

PAS BESOIN DE <u>CRIER</u>.

IL TE MANQUE UNE PINCE!

OUAIS... ELLE VA REPOUSSER.

LES PINCES ET LES PATTES DU CRABE REPOUSSENT S'IL LES PERD AU COURS D'UN COMBAT.

LE POISSON VOLANT PEUT PLANER SUR ENVIRON 400 M ET ATTEINDRE 70 KM/H. ENCORE PLUS RAPIDE, L'ESPADON-VOILIER PEUT NAGER JUSQU'À 110 KM/H.

ATTENTION AUX BULLES!

ZOUM

NARVAL, TU ES

UNE SUPER ÉTOILE!

JE VOUDRAIS TANT ÊTRE LÀ-HAUT, COMME UNE VRAIE ÉTOILE!

QUELLE IDÉE CÉLESTE!

PEUT-ÊTRE QUE JE SUIS UNE VRAIE ÉTOILE. J'AI DÛ TOMBER DU CIEL, ME COGNER LA TÊTE ET TOUT OUBLIER.

PEUT-ÊTRE. TU VEUX QUE JE TE LANCE LÀ-HAUT?

OK!

BOUM!

SUPER GAUFRE
ET EXTRA FRAISE

par Narval et Gelato

SUPER NARVAL!

JE N'AI JAMAIS EU DE MOUSTACHE, SUPER NARVAL.

DOMMAGE, TU AURAIS FIÈRE ALLURE AVEC UNE MOUSTACHE.

C'EST POUR ÇA QUE TU ES TRISTE? PARCE QUE TU N'AS JAMAIS EU DE MOUSTACHE?

HEIN? ÇA N'A RIEN À VOIR AVEC UNE MOUSTACHE.

JE SAIS!
LA MOUSTACHE QUE TU N'AS JAMAIS EUE A MIS LE FEU À TES CHEVEUX, T'A COINCÉ DANS UN TUBA AVEC UN COCHON PIRATE ET T'A TRAITÉ DE GÉLATINE BLEUE?

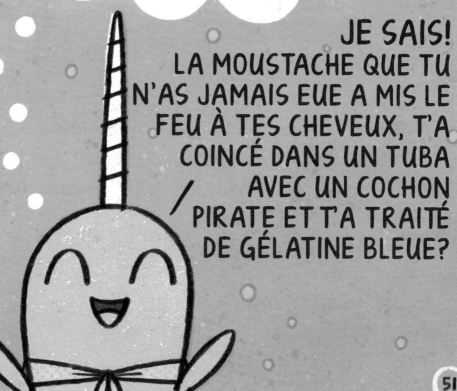

OH! ATTENDS, ÇA ME REVIENT...

ÉLECTRO-GELATO, MON ARRIÈRE-ARRIÈRE-ARRIÈRE-GRAND-PÈRE, NAUTILUS LE NARVAL, DISAIT TOUJOURS : « CÉTACÉ LES INSULTES! » OU QUELQUE CHOSE DU GENRE... ALLONS PLUTÔT TRANSFORMER CRABE EN SUPERHÉROS.

OHÉ! CRABE!
PRÉPARE-TOI À ÊTRE SUPERIFIÉ!

HEIN? SUPER FRIT?
DÉGAGE, ÉLECTRO-NULLATO!
DU VENT, SUPER RIEN-DU-TOUT!
JE N'AI PAS LE TEMPS
D'ÉCOUTER VOS BÊTISES.

WAOUH! GÉNIAL!

VOICI **LA PINCE**
ALIAS **SUPER CLAC!**

WOUAH! JE N'ARRIVE PAS
À Y CROIRE! TON SUPERPOUVOIR
EST DE LIBÉRER LE **SUPER**
EN CHACUN DE NOUS.

SUPERIFICATION!